DES INDEMNITÉS

AUX

VICTIMES DE LA GUERRE

(Invasion et Émeute)

AVEC

L'IMPÔT SIMPLIFIÉ

Considéré comme Prime d'Assurances

SUPPRESSION

des Emprunts et de la Dette publique

Par MENIER

FABRICANT DE CHOCOLAT, DE SUCRE, ETC., ETC.
NÉGOCIANT, ARMATEUR, ETC.
ANCIEN FABRICANT DE PRODUITS CHIMIQUES ET PHARMACEUTIQUES.
MEMBRE DE LA SOCIÉTÉ D'ÉCONOMIE POLITIQUE,
DE LA SOCIÉTÉ DES INGÉNIEURS CIVILS,
DE LA SOCIÉTÉ INTER^{LE} DES ÉTUDES PRATIQUES D'ÉCONOMIE SOCIALE, ETC.
MAIRE DE NOISIEL-SUR-MARNE,
CONSEILLER GÉNÉRAL DU DÉPARTEMENT DE SEINE-ET-MARNE,
CHEVALIER DE LA LÉGION D'HONNEUR,
OFFICIER D'ACADÉMIE, ETC.

Deuxième Édition

PARIS

MLLE C. F. GUILLAUMIN, ÉDITEUR
RUE DE RICHELIEU, 14

1871

DES INDEMNITÉS

AUX

VICTIMES DE LA GUERRE

(Invasion et Émeute)

AVEC

L'IMPÔT SIMPLIFIÉ

Considéré comme Prime d'Assurances

SUPPRESSION

des Emprunts et de la Dette publique

Par MENIER

FABRICANT DE CHOCOLAT, DE SUCRE, ETC., ETC.
NÉGOCIANT, ARMATEUR, ETC.
ANCIEN FABRICANT DE PRODUITS CHIMIQUES ET PHARMACEUTIQUES.
MEMBRE DE LA SOCIÉTÉ D'ÉCONOMIE POLITIQUE,
DE LA SOCIÉTÉ DES INGÉNIEURS CIVILS,
DE LA SOCIÉTÉ INTERNATIONALE DES ÉTUDES PRATIQUES D'ÉCONOMIE SOCIALE, ETC.
MAIRE DE NOISIEL-SUR-MARNE,
CONSEILLER GÉNÉRAL DU DÉPARTEMENT DE SEINE-ET-MARNE,
CHEVALIER DE LA LÉGION D'HONNEUR,
OFFICIER D'ACADÉMIE, ETC.

Deuxième Édition.

PARIS

Mlle C. F. GUILLAUMIN, ÉDITEUR

RUE DE RICHELIEU, 14

1871

PARIS. — TYPOGRAPHIE DE HENRI PLON
RUE GARANCIÈRE, 8.

AVERTISSEMENT

DE LA

DEUXIÈME ÉDITION.

Dans la première édition de cette brochure, j'avais proposé un impôt de 1 1/2 0/0 sur le *Capital réel*. — Raisonnant comme un négociant désireux de transmettre à ses successeurs un bilan clair et se soldant par un actif brillant, j'avais voulu hâter le plus possible l'amortissement complet de la dette publique, fût-ce au prix d'un impôt temporairement lourd. — Les observations que j'ai recueillies à ce propos m'ont fait revenir à une taxe plus modérée et à un amortissement réparti sur une plus longue période. — Du reste, C'EST MOINS SUR LES CHIFFRES A ADOPTER, QUE SUR LES PRINCIPES ÉNONCÉS, QUE J'APPELLE L'ATTENTION DE MES CONCITOYENS. — Tous ceux d'entre eux qui sont sans parti pris, comprendront que, d'après mon projet, les sommes payées d'une main leur rentreront dans l'autre, et que la prospérité publique résultera d'un sacrifice plus apparent que réel.

Pour répondre à toutes les objections, il me faudrait développer certaines parties de ce travail. Mais mon intention n'est pas d'écrire un volume, et je dois rester bref, pour ne pas sortir des bornes d'une modeste brochure.

INTRODUCTION

Dans le département de Seine-et-Marne, mes titres de Conseiller général et de Maire de Noisiel, que je dois au libre suffrage de mes concitoyens, m'ont désigné pour faire partie de diverses Commissions Cantonales chargées d'apprécier les dommages causés par l'invasion des armées allemandes.

A Paris, ma nomination de Président de la Commission des sinistrés des entrepôts de la Villette, dont les pertes s'élèvent à plus de trente millions, m'a permis de toucher du doigt les plaies les plus vives de la guerre civile.

Combien de ruines, de désastres accumulés! Que d'existences brisées, d'avenirs compromis!

A toutes les plaintes, à toutes les réclamations dont je deviens forcément l'écho, j'aurais voulu répondre d'une manière catégorique. Il me semblait que les faits une fois prouvés, et l'importance des dommages susceptibles de se traduire en chiffres établie par une enquête sérieuse, je n'avais qu'à dire aux victimés : « Un peu de patience, votre plainte légitime a été entendue, et vous ne tarderez guère à recevoir de l'État l'indemnité qui vous est due à tous les titres. »

Mais il n'en est malheureusement pas ainsi. Osons le dire, le Gouvernement de la France, qui trouve en quelques heures des milliards pour un emprunt destiné à satisfaire un ennemi cupide, n'a pas le moyen de réparer les désastres dont il est temps pourtant d'accepter toute la responsabilité, même au titre d'héritage des gouvernements précédents.

C'est là une situation très-grave, qui m'a inspiré les plus sérieuses réflexions.

Il y a pour moi une injustice si flagrante à voir l'un de mes voisins ruiné par la guerre, tandis que dix autres plus chanceux n'ont été que peu ou point lésés, à voir un département converti en champ de bataille, dévasté et couvert de ruines, tandis que soixante autres n'ont rien souffert, que j'ai été amené à me demander : Que signifient donc les mots Société, Nation, État? Qu'est-ce donc que le pacte social, si le particulier doit être victime des faits de guerre qui incombent à toute une Nation?

J'ai été amené à me demander, par contre, en recherchant les motifs de la résistance de l'État, s'il était vraiment impossible de se procurer immédiatement les moyens de payer une obligation que l'État a d'ores et déjà contractée.

En suivant les travaux de la Chambre et du Gouvernement, j'ose déclarer que rien de ce qui est proposé ne me semble atteindre le but.

Les mesures fiscales auxquelles on a recours sont le *péché originel* des monarchies, qui avaient besoin de déguiser les prélèvements qu'elles faisaient sur les peuples, dans un intérêt qui n'était pas exclusivement celui du public.

De là ces impôts indirects multipliés, prélevés sur les produits avant que le consommateur en fût nanti.

Mais en République, lorsque chacun est assuré que sa contribution aux charges de l'État lui profitera personnellement et entièrement, sans être absorbée en partie par la liste civile et les parasites du souverain, on s'arrêterait à ces vieux moyens, à ces trompe-l'œil sans dignité et sans franchise! Ce serait à croire que tout pacte n'est pas rompu avec les monarchies décédées.

Certes, si de telles mesures ne devaient pas ruiner le pays, je souhaiterais presque qu'on multipliât encore ces sortes d'impôts, car l'exagération amènerait avec elle la démonstration de l'absurdité du système.

Les emprunts, qui sont le second moyen employé, seraient traités de folie si un négociant les contractait dans des conditions analogues. Ils conduisent fatalement le pays à la banqueroute, pour le jour où le revenu fiscal, comprimant la consommation d'une part et ruinant la production d'autre part, sera porté à son maximum. Et nous touchons à ce maximum, il faut ne pas craindre de se l'avouer.

En République, il y a certes mieux à faire. Il suffit pour cela d'être logique. Je vais essayer de le prouver.

Juillet 1871.

PREMIÈRE PARTIE.

———

I

DES INDEMNITÉS DUES AUX VICTIMES DE LA GUERRE
(INVASION ET ÉMEUTE).

Combien de gens, propriétaires à un titre quelconque, disaient naguère : « *Ah! je donnerais bien la dixième partie de ce que je possède, si à ce prix je pouvais être* ASSURÉ *de conserver le reste!* »

Aujourd'hui encore, lorsque, tant de ruines sous les yeux, l'on se rappelle les angoisses éprouvées pendant le siége de Paris et pendant la lutte contre la Commune, c'est le même souhait qu'on exprime, avec une vivacité qui trahit un sentiment aussi vrai que naturel.

Si une grande Compagnie d'assurance se fondait maintenant en Amérique et en Angleterre, et venait dire à chacun : « Moyennant une prime de tant pour cent sur la valeur de vos immeubles, de vos terres, de votre mobilier, de vos valeurs mobilières, titres de rente, actions et obligations, je vous garantis contre tous les désastres provenant du fait de guerre ou d'émeute », combien s'empresseraient de souscrire une police qui leur assurerait une sécurité absolue dans l'avenir !

2·

Eh bien, pourquoi la France, qui est déjà engagée par le pacte social à indemniser les individus lésés par le fait d'une guerre nationale (je le prouverai plus loin), ne ferait-elle pas elle-même, à notre profit, ce que la spéculation pourrait entreprendre avec quelque utilité pour les contractants ?

Présenté sous la forme d'une *prime d'assurance* que chacun s'empresse de payer en raison des avantages éventuels qu'on peut en retirer, cet *impôt* perdrait ce caractère odieux et vexatoire que lui donne notre régime fiscal, emprunté aux mauvais temps de notre histoire.

Au lieu de tenter d'échapper à l'impôt par mille ruses aussi immorales en principe que contraires en fait à la raison d'être sociale, tout citoyen, mesurant le service rendu à la prime payée, comprendrait sans peine quelle est sa part dans la Société, dans le Gouvernement, dans la *République*.

Or, en considérant la richesse inouïe de notre pays en tant que capital foncier et mobilier, et le rendement énorme d'un impôt perçu avec une économie correspondante à sa simplicité, je suis amené à étendre ce système à tous les risques et à tous les services que l'individu attend de la Société, et à proposer d'en faire la base principale du budget de nos recettes.

Je suis loin de m'attribuer la paternité de l'idée. Parmi les économistes, elle a été étudiée avec un soin tout spécial. On a désigné du nom de *physiocrates* les partisans de l'impôt sur le capital. Ils ont traité du système dans un langage scientifique que je prétends laisser entièrement de côté.

Je veux parler de ces questions dans le langage qui convient à un négociant, à un armateur, qui pratique utilement dans ses affaires personnelles toutes ces données, qu'il croit parfaitement applicables aux affaires de tout le monde.

Ainsi, lorsque j'expédie un navire de France en Amérique, je ne crains pas de payer une prime considérable à une assurance maritime en prévision des avaries de la cargaison, ou de la perte du bâtiment. Il y a même une augmentation de prime pour le cas de guerre. Certes, c'est une diminution sérieuse de mes bénéfices annuels ; mais ce sacrifice n'est-il point préférable à la ruine que me causerait un sinistre sans l'assurance ?

L'impôt que chacun paye à l'État doit donner en retour la *sécurité*. Si un seul sinistre vient à rester impayé, la sécurité n'existe plus, le crédit est atteint, la Société n'a plus de base, la confiance disparaît, l'égoïsme absolu prend sa place, et la prospérité est tarie dans sa source.

Pour conjurer un tel malheur, qu'y a-t-il à faire ?

Il faut que l'État, la Société acceptent franchement la responsabilité et la charge des désastres des guerres civiles et étrangères.

Si les ressources offertes par les emprunts et par les mesures fiscales sont insuffisantes, c'est que ces moyens sont essentiellement vicieux et illogiques. De là une nécessité absolue de modifier les vieux errements des monarchies, et d'entrer, en vrais républicains, dans une voie plus large, plus vraie et plus efficace.

Ah ! si la France était devenue pauvre, si le pays était ruiné, je comprendrais, à la rigueur, qu'on repoussât ma demande d'indemnité ; mais lorsque l'emprunt de deux milliards a permis de jeter la sonde dans les trésors que l'épargne individuelle peut accumuler, nous n'avons plus le droit de mettre en doute la valeur du capital foncier et mobilier d'un pays où l'on peut épargner de pareilles sommes sur ses revenus.

———

II

OBLIGATION DE L'ÉTAT ENVERS LES PARTICULIERS.

L'État est-il tenu d'indemniser les particuliers ? — Cette question soulève certainement une des difficultés les plus épineuses que puisse avoir à résoudre une Assemblée politique ; car il ne s'agit pas uniquement de prononcer une réponse « en droit », il s'agit de se préoccuper de la réalisation de ce droit, s'il est une fois admis.

Il résultera de cela, on peut le craindre, des hésitations, des faux-fuyants, et finalement des demi-mesures qui, en toute affaire, sont les pires mesures. Cela se comprend, car il est certain que l'État, surtout quand il est « *la France* » généreuse et loyale par caractère, ne peut pas, comme un insolvable, venir dire à ses enfants lésés : *Je vous dois la réparation des malheurs qui vous ont frappés, mais je ne suis pas en état de m'acquitter envers vous.*

Avant donc de me faire l'interprète d'une réclamation qui me paraît essentiellement fondée, j'ai pesé les moyens possibles d'y satisfaire, et c'est la conviction acquise sur ce point qui me fait ouvrir la main où je crois tenir une vérité.

Je n'hésite pas à affirmer que non-seulement la justice et l'équité, mais encore le droit strict que confèrent les conventions sociales, obligent l'État, délégué par la Société tout entière pour l'exécution de ces conventions, à réparer les pertes occasionnées par les faits de guerre et d'émeute.

Et voici comment je prouve mon assertion :

Il est un principe qui ne fait de doute pour personne au monde, bien que trop souvent les hommes cherchent à en éviter les conséquences, c'est celui-ci :

« *La réparation d'un dommage est due par celui qui l'a causé.* »

Or, dans le cas qui nous occupe, à qui doivent remonter la responsabilité et l'obligation de réparer les pertes des lésés ? — N'est-ce pas incontestablement à la Nation tout entière, représentée par l'État ?

La guerre, en effet, peu importe qu'elle soit provoquée ou subie, qu'elle soit occasionnée par l'ineptie d'un chef mal choisi, ou fomentée par des brouillons, est un fait qui regarde la Nation tout entière, et non telle ou telle partie du Pays. Bien qu'un intérêt dynastique ait dirigé les intrigues qui ont abouti à la déclaration de guerre du 16 juillet 1870, le Corps législatif et le Sénat, mandataires légaux du peuple français, n'en ont pas moins voté par acclamation cette résolution funeste.

On voudrait ne pas rappeler ce fait quand l'ennemi foule encore le sol de la France, mais les intérêts qui me sont confiés ne me permettent pas de dissimuler ce qui vient à l'appui de la cause de mes commettants.

Aucune partie d'un peuple ne saurait donc être tenue de supporter seule les maux occasionnés par un événement politique quel qu'il soit. La répartition des dommages doit porter de plein droit sur tous les individus qui composent ce peuple. De même, si nous avions été vainqueurs, la Nation tout entière aurait recueilli les bénéfices de la victoire, pour les partager sous une forme quelconque entre tous les citoyens. Sans cette solidarité dans la mauvaise comme dans la bonne fortune, où serait la Société ?

Du reste, c'est, ce me semble, dans le vide que je m'escrime.

Le droit en cette matière est d'une évidence telle, qu'une dénégation explicite serait insoutenable.

Implicitement, les preuves de son admission abondent.

L'État recueille les invalides de la guerre, accorde des pensions aux veuves des glorieuses victimes et se charge des orphelins, et cela n'est que strictement juste. Oserait-on prétendre que c'est à titre de charité seulement ? — Pour l'honneur de mon pays, je me refuse à croire qu'il dénierait à ce point des droits aussi sacrés, et se ferait une vertu de l'accomplissement très-imparfait d'une obligation.

L'État paye le prix des animaux et objets qu'il a pris par voie de réquisition et qu'il ne peut restituer. L'État admet, en déduction des impôts dus, les sommes qui ont été indûment perçues par la *Commune*.

Par quelle logique boiteuse voudrait-on donc prouver que, si la réparation du dommage était due dans les cas que nous venons de citer, elle ne serait pas due dans tous les cas où les mêmes causes ont produit les mêmes effets?

Mais encore une fois, je m'escrime contre un fantôme, car pourquoi craindrais-je qu'une Chambre qui a voté avec enthousiasme plus d'un million pour la reconstruction de la maison de l'illustre M. THIERS, puisse avoir un seul moment la pensée de dénier aux autres lésés une réparation des sinistres dont ils sont, autant que lui, les innocentes et involontaires victimes?

La France, qui a généreusement ouvert sa bourse pour donner *un milliard* (alors que les milliards ressemblaient encore à des mythes) aux émigrés, qui avaient été cependant bien coupables envers elle, ne refusera pas aujourd'hui l'indemnité qu'attendent les lésés par les faits politiques.

Cette indemnité leur est si bien due, en vertu du pacte tacite qui lie le corps de la Nation, qu'en réalité nous avons tous payé pour cela et d'avance.

Je vais le démontrer en donnant la définition de l'*impôt*.

III

CORRÉLATION DE CETTE OBLIGATION AVEC L'IMPOT.

Qu'est-ce en effet que l'impôt, prélevé par l'État, par les départements, par les communes?

C'est une cotisation pour subvenir aux dépenses publiques, moyennant laquelle nous acquérons le droit à tous les avantages de la Société.

Ce n'est, à mon point de vue de commerçant, qu'une *prime d'assurance*, et la Société n'est autre chose qu'une société de *garantie mutuelle* de la liberté et de la sécurité de nos biens et de nos personnes, contre tous les dangers qui peuvent les menacer.

Or, le contribuable qui paye encore l'octroi pour que la ville qu'il habite soit tenue propre, bien éclairée, bien aérée, bien pavée, serait certainement en droit de se plaindre et de demander des dommages et intérêts à ses édiles, s'il lui arrivait malheur par leur incurie, ou par leur négligence à convertir les deniers publics en services d'utilité publique.

Et le montant de cette indemnité pèsera avec justice sur la totalité des habitants, dont les édiles ne sont que les mandataires. — Tant pis s'ils les ont choisis incapables ou imprévoyants.

Il en est de même du membre de la Nation payant l'impôt à l'État. — Ce payement lui donne droit à jouir librement de tous les services payés avec le fonds commun, et en cas de dommages résultant d'une mauvaise politique, à en réclamer la réparation, dont le coût doit être supporté par tous les membres de la Nation.

Et les maux occasionnés par la guerre sont compris si explicitement dans cette catégorie de dommages, que dans l'autorisation spéciale en vertu de laquelle fonctionnaient les Compagnies d'assurance (avant la modification de la loi sur l'anonymat), l'État admettait ces Compagnies à excepter de leur garantie les sinistres résultant de faits de guerre et d'émeute. — Pourquoi ? — Parce que, pour le législateur, il était évident que ces risques-là sont couverts par la responsabilité de l'État, c'est-à-dire par le Pays tout entier; — que *l'impôt* en représente *la prime,* et qu'il eût été immoral de permettre à une Compagnie de prélever une prime sur un risque déjà couvert.

Tout ceci me semble si élémentaire et si incontestable, que je crains presque de voir taxer comme une offense au bon sens du Gouvernement la supposition d'un doute, et cela d'autant plus qu'à défaut même du droit évident des lésés, l'intérêt bien compris de toute la Nation exigerait que la réparation des dommages subis fût pratiquée aussi largement que possible.

Car les intérêts de tous sont tellement enchevêtrés, que la lésion des intérêts particuliers réagit fatalement, d'une manière directe ou indirecte, sur les intérêts généraux.

3*

Nous n'avons pas à développer cette thèse devant des commerçants; — disons seulement en quoi le droit à l'indemnité des lésés intéresse également les non-lésés.

La base de toutes les transactions industrielles et commerciales, c'est la confiance dans un élément quelconque de sécurité pour l'intérêt engagé.

Ferait-on une seule affaire sans la croyance à un résultat avantageux? sans avoir calculé ses risques, et pris les précautions possibles pour les diminuer, en s'assurant contre ceux qui sont assurables? — Évidemment non!

Eh bien, si les risques politiques n'étaient pas couverts par l'État, tout acte de crédit deviendrait une imprudence, car d'un moment à l'autre une guerre ou une émeute peut détruire tout gage sur lequel le crédit se serait basé.

La prospérité publique est intéressée à ce qu'il ne puisse pas s'élever même l'ombre d'un doute à cet égard, car un pareil doute deviendrait inévitablement une entrave au développement de l'activité nationale.

Sans sécurité absolue, plus de crédit hypothécaire, plus de warrants; le crédit public s'affaisse, parce qu'il manque d'un point d'appui. En matière de crédit, il faut *croire,* le mot le dit; le doute est la mort.

Il est donc du devoir du Gouvernement de prévenir ce doute, en effectuant le plus promptement et le plus largement possible la réparation des dommages subis.

Toute hésitation et toute lésinerie seraient une faute dont les conséquences économiques sont incalculables, et si la pensée d'une telle faute pouvait exister chez les hommes chargés des intérêts généraux de la Société, je croirais avoir accompli un devoir patriotique en m'efforçant de l'empêcher de se traduire en fait.

Moïse faisant jaillir l'eau d'un rocher par un coup de baguette, n'a pas pu émerveiller davantage le peuple hébreu que n'a émerveillé le monde le fait de la France épuisée, ruinée, anéantie, à ce que l'on prétendait, apportant au premier appel, en une journée, cinq milliards au Trésor public.

C'est avec une fierté bien permise vis-à-vis des détracteurs jaloux de mon pays, mais c'est sans aucun étonnement, que j'ai vu ce résultat obtenu, car il suffit de s'être rendu compte en praticien, comme ma carrière m'y portait, des richesses immenses que l'intelligente industrie d'un peuple crée sans cesse, pour savoir que l'accumulation des épargnes devancera et dépassera toujours en France les moyens d'en trouver de sérieux emplois.

Si je parle de ce fait, c'est pour faire comprendre que cette facilité de trouver à volonté n'importe quelle somme nécessaire pour faire face aux obligations de l'État, serait la première réponse que les lésés qui réclament opposeraient à un refus de faire droit à leurs réclamations, sous prétexte d'insuffisance de ressources, en regard des lourdes charges du budget.

L'État ne pourrait donc invoquer sincèrement que la difficulté très-réelle de trouver de nouveaux revenus pour payer « *l'intérêt* » de ces énormes, mais inévitables emprunts. — Il est certain que dans la voie où le Gouvernement vient de s'engager à la recherche de ces nouveaux revenus, les difficultés sont excessives, et qui plus est, je ne crains pas de l'affirmer, en demandant pardon à l'honorable M. Pouyer-Quertier, cette voie conduit à une véritable impasse d'où l'on aura de la peine à sortir sans que la prospérité publique y ait éprouvé une défaillance inquiétante, sinon quelque chose de pire.

L'État agit maintenant comme un commerçant gêné qui a recours à des expédients : valeurs de circulation, ventes à vil prix, consignations de marchandises, etc. Il escompte les éventualités de l'avenir, et chacune de ces ressources trompeuses élargit le gouffre où il est attiré par une puissance irrésistible, et au fond duquel se trouvent forcément la faillite et le déshonneur.

Il en est temps encore, rompons franchement avec des procédés ruineux. Agissons comme le ferait un bon commerçant dont le capital serait en partie compromis. Il fondrait la cloche, réaliserait l'actif, liquiderait le passif, et repartirait avec un actif réel lui appartenant en propre, et dont lui et le public pourraient évaluer la valeur exacte, sans tromper ni lui-même ni les autres.

Voilà ce qui m'amène à critiquer l'assiette actuelle de l'impôt.

DEUXIÈME PARTIE

IV

EXAMEN DES IMPOTS ACTUELS.

J'ai toujours été l'ennemi déclaré de tous les impôts mis sur le produit du sol et de l'industrie.

Dans un pays à la fois agricole et industriel, le suprême besoin, c'est l'extension incessante d'un débouché de ses produits.

Le consommateur est le pivot de son système économique.

Or, tout ce qui restreint la consommation diminue l'intérêt de produire et occasionne le chômage du travailleur avec toutes ses conséquences onéreuses et pleines de péril.

Donc, chercher des ressources pour l'État dans des droits de douane, ou des ressources pour les villes et les communes dans des droits d'octroi, et même (ce qui est le type du genre) *dans des droits de sortie!!!* c'est essentiellement contraire à la prospérité du pays; et si l'on calculait bien, il serait possible de prouver que pour faire entrer par ces canaux-là les *six cents millions* nécessaires pour le service de la dette nouvelle dans les coffres de l'État, on occasionne à l'industrie, au commerce, à la propriété foncière et immobilière, une diminution de gain de *plusieurs milliards*.

Si c'est là faire de bonnes finances, sans lesquelles il n'y a pas de bonne politique possible, a dit le baron Louis, j'avoue que dans ma carrière de négociant, d'armateur et de fabricant, j'ai réussi par des moyens complétement opposés, que vous nommeriez alors erronés.

Il me semble cependant qu'il n'existe qu'une seule comptabilité, qui doit être, comme la morale, la même pour la Société que pour l'individu.

En ma qualité de libre échangiste, je puis bien dire à ce propos que le système prétendu protectionniste du *travail national* va complétement contre son but, et tout industriel qui a réellement la conscience de son savoir-faire et l'intelligence de ses intérêts bien compris, aurait raison de dire au gouvernement actuel, en modifiant le mot du Régent à Dubois : « Merci! vous me protégez trop ! » car, en fait, la seule protection efficace en cette matière, c'est l'absence de toute entrave.

Si nous ne savons pas soutenir la concurrence de nos voisins, nous avons besoin de faire mieux que nous ne faisons, et au lieu de nous inviter à l'indolence en supprimant nos concurrents, il faut nous exciter à les dépasser.

Le mieux que puisse faire le Gouvernement en pareille matière, c'est de ne pas s'en mêler, si ce n'est pour prévenir et punir les fraudes et la mauvaise foi, et encourager efficacement la prévoyance.

Mais il vous faut, dites-vous, des ressources pour faire face aux charges d'un budget très-lourd, pour acquitter les intérêts d'une dette publique énorme. — Si, même au point de vue de la saine économie politique, votre système ne valait rien, au point de vue fiscal vous le croyez nécessaire et efficace?

Permettez-moi d'être d'un avis diamétralement opposé.

En fait de recettes, il est possible, quoique sujet à quelque doute, que vos prévisions se réalisent et que vous atteigniez les chiffres énoncés dans votre budget; mais vous obtiendrez ce résultat au détriment d'autres revenus qui diminueront nécessairement, ou tout au moins qui resteront stationnaires, tandis qu'ils auraient dû progresser.

Même quand votre budget de recettes n'éprouverait aucune déception sur ce point par suite de la force acquise, êtes-vous certains que ces ressources ne seront pas obtenues au détriment du développement de la Richesse générale?

Je mets au défi qu'on puisse m'affirmer qu'il n'y a rien à craindre de ce côté-là.

Ah! s'il n'existait aucun moyen de faire autrement, il faudrait bien subir ce qu'on ne saurait empêcher.

Mais est-ce là le cas? — Aucunement.

On craint, quoi? — De rompre avec les préjugés d'une routine bien et dûment condamnée; en termes plus vulgaires mais expressifs : « On quitte avec peine ses vieux souliers! »

Cependant où en serait le progrès, si en toute chose on s'obstinait à s'accrocher aux errements du passé?

D'ailleurs je me suis déjà permis de le dire, et je le répète, la voie choisie conduit à une impasse. Nous ne sommes pas au bout des dépenses inévitables du budget, et les ministres des finances de l'avenir qui vous imiteraient finiraient par se trouver de plus en plus embarrassés.

Pour ne pas multiplier les entraves fiscales, qui gênent déjà trop les mouvements du travail national, ils seront forcés de lésiner sur des dépenses utiles, ou de laisser en suspens des services qui intéressent la prospérité du Pays.

Il me reste à produire une considération toute commerciale, qui regarde plus spécialement le consommateur.

Grâce au crédit, le négociant en gros et le commissionnaire engagent relativement peu de capitaux dans le commerce, si l'on considère le chiffre énorme de leurs opérations.

Cela tient surtout à ce qu'ils accordent généralement à leurs clients un crédit plus court que celui qui leur est fait. D'où il résulte qu'ils ont encaissé le produit des ventes avant d'avoir eu à solder leurs achats.

Mais il n'en est pas de même pour les frais de douane et d'octroi. Ils doivent en faire l'avance, et comme ils ne font pas d'avances gratuites, ils composent le prix de vente des marchandises en prélevant un bénéfice commercial sur les frais de douane, sans préjudice du bénéfice qu'ils réalisent sur la marchandise.

Or le négociant a le droit d'être plus exigeant sur la question bénéfice quand il a déboursé, que lorsqu'il ne fait pas d'avances.

Qui paye cette plus-value étrangère au prix de revient? Le consommateur.

Qui lui vaut cette surtaxe de l'impôt? Le système fiscal des douanes et octrois.

Nous verrons d'autre part les frais de perception de ces impôts indirects, qui vont aujourd'hui à plus de *deux cent cinquante millions*, prendre des proportions formidables. L'armée de douaniers, d'employés d'octroi, de percepteurs de tout genre dont la rétribution est à peine suffisante aujourd'hui pour leur subsistance, coûtera des sommes de plus en plus considérables.

C'est là une perte sèche, une dépense improductive, des forces vives annihilées. Il serait pourtant si facile d'arriver à la simplicité et en même temps à l'économie de la perception de l'impôt !

Deux cent cinquante millions de frais de perception qui deviendront peut-être plus de trois cents millions d'ici à peu!... Mais cela représente l'intérêt à 5 0/0 de cinq à six milliards. Si un système nouveau d'impôt permettait d'en économiser la plus grande partie, ils suffiraient, employés eux seuls à l'amortissement de la dette publique, pour la solder en quatre-vingts années.

Les lecteurs concluront avec moi qu'un système d'impôt qui, en tarissant la source de la production, atteint presque exclusivement le consommateur, qui coûte si cher à percevoir, ne doit pas mériter les sympathies des populations.

Il y a mieux à faire qu'à tuer la poule aux œufs d'or.

V

SIMPLIFICATION DE L'IMPOT.

Les discussions sur l'impôt, qui, sous la pression des circonstances actuelles, ont occupé plus que jamais l'attention publique, viennent de faire passer sous les yeux des intéressés tous lès arguments connus en faveur des différents modes existants.

Il paraît donc superflu de m'occuper ici d'un examen comparatif détaillé; qu'il me suffise de dire que toutes mes réflexions sur ce sujet m'ont amené à me ranger parmi les partisans de l'impôt, *non sur le revenu, mais sur le* CAPITAL RÉEL.

Voici les raisons par lesquelles je prétends justifier ma préférence.

Tout ce qui entrave le travail, tout ce qui retarde pour le travailleur le moment d'arriver au bien-être, nuit directement au développement de la Richesse publique. — Or, c'est ce que font la plupart des impôts qu'on rétablit ou qu'on augmente en ce moment.

Le cautionnement et le timbre des journaux, par exemple, ne sont pas seulement un non-sens au point de vue moral, ce sont des atteintes aux intérêts matériels de plusieurs industries d'abord, et à ceux d'une foule de consommateurs, par conséquent à la vente de tous autres produits.

Il en est de même des droits de douane. — En frappant tel tissu ou telle denrée d'un droit qui va nécessairement se traduire par une augmentation de prix, partant par une diminution de consommation, vous frappez non-seulement l'armateur dans son fret, le fabricant et le commerçant dans leur débit, vous atteignez du même coup toutes les sources de la richesse, car les pertes de l'un occasionnent les pertes de l'autre.

La multiplicité d'impôts a encore cet inconvénient, déjà signalé, d'occasionner des frais de perception exorbitants qui s'ajoutent aux charges, sans profit pour personne, car même les fonctionnaires intelligents chargés de cette perception ne perdraient rien à porter leurs facultés dans les travaux de l'industrie et du commerce.

Maintenant, si l'on réfléchit aux innombrables formalités et démarches auxquelles ces impôts astreignent le public, et aux frais inutiles, pertes de temps, occupations et préoccupations que cela ajoute pour lui à la charge principale, on s'explique facilement la répulsion qu'ils excitent généralement. Je passe sous silence les fraudes, les concurrences déloyales, les habitudes de mauvaise foi qui compromettent les intérêts généraux d'une Nation autant qu'ils abaissent son caractère.

Le préjugé de nos hommes d'État de la vieille école consiste à prétendre que la division des impôts sur une foule de produits et de services les rend moins lourds et les fait presque passer inaperçus.

Cela n'est ni vrai ni nécessaire. — Je m'explique.

Cela pouvait paraître vrai à des époques où les notions

sur le mécanisme économique de la Société étaient très-obscures, même pour les gouvernants; cela pouvait être jugé nécessaire par les monarchies, qui avaient des intérêts souvent contraires à ceux de la Nation, et cherchaient à déguiser autant que possible leurs prélèvements sur la fortune publique.

Mais un peuple intelligent qui comprend la raison et la justice des choses lorsqu'on les lui explique, un peuple qui fait ses affaires lui-même en choisissant ses mandataires pour la chose publique, n'a pas besoin qu'on arrive à sa bourse par surprise. Il ne demande pas mieux que de contribuer aux dépenses générales nécessaires, à la seule condition de savoir ce que lui vaudra sa contribution.

C'est un axiome commercial que les frais productifs ne sauraient jamais s'élever trop. Cela deviendra également applicable aux dépenses publiques le jour où la somme de liberté, de sécurité et de bien-être sera pour les contribuables en proportion directe de l'impôt qu'ils payent. — Or il est déjà très-difficile, pour les économistes eux-mêmes, de saisir exactement cette proportion au milieu de l'enchevêtrement des intérêts atteints par les impôts multiples; à plus forte raison, la masse des contribuables n'y voit goutte, et ses intérêts sont très-souvent lésés, sans qu'elle puisse deviner d'où part le mal.

N'y aurait-il que ce seul motif pour simplifier l'impôt qu'il suffirait, à mon avis; mais à la clarté et la simplicité qui permettent aux contribuables de calculer eux-mêmes la valeur des avantages que le payement de l'impôt leur assure, et qui permettent à l'État d'en opérer le recouvrement avec une économie des neuf dixièmes des frais que nécessitent les impôts multiples, il joint encore cette qualité essentielle dans un pays démocratique, l'équité dans la répartition, lorsque, comme je le propose, il s'applique au CAPITAL RÉEL.

Et remarquons-le surtout, cette équité répond si bien aux intérêts de tous, qu'elle devient un puissant moyen d'augmentation de la Richesse publique; car, ainsi que nous l'avons dit plus haut, plus on accordera de liberté au travail, plus il produira; plus on accordera de liberté aux transactions, plus il y aura d'échanges. La concurrence, amenant le bon marché, crée des consommateurs, partant augmente le débit et accroît les épargnes qui forment le *capital réel*.

Imposer le travail par voie directe ou par voie indirecte, soit en frappant les matières premières et la consommation, ou bien encore le revenu des professions libérales et des travaux intellectuels, c'est obstruer la source même de la richesse.

Imposer le *capital réel,* ce n'est que prélever une *prime* qui en assure la libre et tranquille jouissance, et en même temps le fructueux emploi, *car n'oublions pas que le travail seul le féconde.*

VI

CRITIQUE DE L'IMPOT SUR LE REVENU.

Je ne partage pas du tout les idées de ceux qui veulent atteindre les revenus sous toutes les formes en tant que revenus.

A mon avis, on ne doit pas imposer le revenu.

Si vous l'imposez, il se cachera, se dérobera de toutes les manières; pour le saisir, il faudra que le fisc prenne des mesures inquisitoriales, vexatoires, *coûteuses*. L'État et l'individu perdront l'un et l'autre de leur dignité à ce jeu de cache-cache et de surprises.

Je suis si peu de cet avis, que, loin de faire payer un droit, comme on l'a récemment proposé, à l'étranger qui vient en France dépenser son revenu, je lui donnerais plutôt une prime d'encouragement.

Le revenu qui se dépense, c'est comme l'huile dans les rouages de la machine commerciale, c'est l'aliment de l'échange incessant des produits, c'est la production assurée, c'est du travail pour les ouvriers, du bien-être pour tous.

On dira peut-être : Mais l'avocat, le médecin qui gagnent cent mille francs par an, ne payeront donc rien à l'État?

S'ils dépensent tout ce qu'ils gagnent, répondrai-je, ils ont bien mérité du commerce et de l'industrie, ils ont suffisamment contribué, par le développement que leur doit la production, à la prospérité du pays. Tout le monde n'est pas susceptible de dépenser aussi largement, il en faut comme eux pour que tout le monde vive.

S'ils ne dépensent pas tout ce qu'ils gagnent, ils convertiront nécessairement leur épargne en *capital réel*, immeubles, terres, meubles, objets d'art ou valeurs mobilières. C'est alors seulement que l'année suivante leur gain devient accessible à l'impôt, parce qu'ils ne sont plus exclusivement consommateurs. Le gain accumulé devient *capital réel*.

Ce n'est donc plus qu'une question de temps.

Les partisans de l'impôt sur le revenu seront, par la réflexion, amenés à reconnaître avec moi que cet impôt n'est encore qu'une demi-mesure très-onéreuse, et que l'impôt sur le *capital réel* atteint identiquement le but qu'ils se proposent. A rendement égal, ce dernier offre l'avantage de l'économie dans la perception et de la difficulté plus grande de dissimuler le capital soumis à la taxe.

VII

NOUVELLE ASSIETTE DE L'IMPOT.

Imposer le capital ou imposer le revenu, cela semble, à première vue, être la même chose par rapport au capital, car l'impôt qu'il doit payer constitue évidemment un prélèvement sur ce que ce capital produit. — Or, l'impôt sur le revenu est généralement condamné comme peu convenable au caractère français, qui supporte difficilement les moyens inquisitoriaux, ce dont on ne saurait le blâmer. — Quant au moyen usité en Angleterre (1), qui consiste à accepter la déclaration du contribuable pour base de son imposition, quoiqu'il donne une haute idée du respect porté à la dignité personnelle, il me paraît ouvrir une large porte à des fraudes. En effet, les cas ne sont pas rares, en Angleterre, de déclarations inférieures à la valeur réelle qui frustrent l'État, et, chose plus grave, de déclarations sciemment exagérées qui deviennent le point de départ d'usurpations de crédit très-dangereuses pour le commerce.

La probité politique doit éviter toujours les mesures qui peuvent inviter aux abus.

Mais ce n'est pas par ces considérations seules que je ne suis pas partisan de l'impôt sur le revenu.

---

(1) L'Angleterre et les États-Unis nous ont devancés dans les améliorations fiscales, mais ils sont loin d'avoir atteint la perfection. Qu'ils nous servent d'émules plutôt que de modèles.

C'est surtout parce qu'il atteint encore le travail, et empêche ainsi, absolument comme les impôts multiples que je condamne, l'accroissement du bien-être et par conséquent le développement de la Richesse publique.

Est-ce à dire qu'en imposant davantage le capital formé et en dégrevant le capital en formation d'une contribution exagérée aux charges publiques, je manque au principe d'égalité qui veut que tous les citoyens participent à ces charges d'un degré égal, parce que tous ont intérêt à ce que les services publics soient effectués ? — C'est possible; mais qu'importe si cette apparente inégalité dans la répartition de la contribution tourne au profit de ceux qui payent ? Et c'est là le cas, comme nous l'avons démontré.

La valeur et les revenus du capital réalisé n'ont qu'à gagner à toute augmentation des transactions, et il n'existe pas de plus puissants moyens de produire cette augmentation que de dégrever et de débarrasser le travail de tous les impôts et de toutes les entraves qui retardent l'épargne, c'est-à-dire la formation du *capital réel*.

Je ne viens pas faire un appel aux bons sentiments du capitaliste; je suis avant tout un homme pratique, et comme tel je n'ai que peu de confiance dans la politique de sentiment, surtout comme base d'une bonne organisation financière. Je ne dis donc pas au Capital : Vous devez payer parce que vous êtes le plus heureux; je dis : *Vous devez payer parce que c'est incontestablement votre intérêt*. Ce que vous donnerez ainsi d'un côté en impôts un peu plus lourds, vous le regagnerez de l'autre, non-seulement en plus de sécurité, mais en plus de profit effectif. Car vous serez dégrevé de diverses charges : droit de mutation, service d'emprunts onéreux, etc. ; et le cours des rentes atteindra le pair.

Je rappellerai ici la phrase que j'ai écrite en tête du chapitre Ier, et que j'ai entendu si souvent répéter dans le courant de nos désastres : « *Ah! je donnerais bien la dixième partie de ce que je possède, si à ce prix je pouvais être assuré de conserver le reste.* »

J'accepte votre offre, capitalistes; mais au lieu de vous demander les 10 0/0 en une seule fois, je les répartis sur dix années, en vous dégrevant, d'autre part, de tous les impôts directs et indirects que vous avez payés jusqu'à ce jour.

Avec la *sécurité* que vous avez estimée à ce prix, je vous apporte par surcroît, j'en suis convaincu, une augmentation certaine de 30 0/0 de la valeur des propriétés urbaines et rurales, d'un côté par la franchise des produits à consommer, de l'autre par la *sécurité* qui équivaut elle-même à une augmentation de valeur.

D'où il résulte que la différence que vous payeriez aujourd'hui, n'est réellement qu'une avance.

La récolte doit venir après les semailles.

N'allez pas vous dédire, aujourd'hui que le danger vous semble passé, comme ces malades, au lendemain de la guérison, qui oublient de réaliser les promesses qu'ils faisaient à leur médecin.

Songez aux rechutes.

VIII

L'IMPOT PRIME D'ASSURANCES.

Avant de développer la manière dont je voudrais établir le budget de la France, examinons comment il est composé actuellement :

Le chiffre total de la recette brute dans le budget de 1870 est de. . . . . 1,775,000,000 fr.
Dont il faut déduire les frais spéciaux occasionnés par les moyens multiples de perception (*plus de 15 0/0 !!*). 279,000,000

La recette nette employée en dépenses utiles a donc été de. . . . . . 1,496,000,000 fr.

En prenant pour base de calcul le chiffre de trente-huit millions d'habitants, c'est donc 46 francs par tête en moyenne que l'impôt coûte à chaque individu, homme, femme ou enfant.

Remarquons que le minimum de cette moyenne est d'autant plus fort qu'en grande partie l'impôt pèse sur la consommation. Or les droits se payant au poids ou à la mesure, c'est la quantité, et non la qualité des produits consommés, qui détermine le *quantum* de la contribution.

Je ne m'arrête pas à l'inégalité tant de fois critiquée de

ce mode d'imposition, où le strict nécessaire supporte proportionnellement plus de charges que le superflu.

Rejetant en son ensemble le système d'impôts existants, il me semble inutile d'invoquer d'autres motifs que ceux par lesquels j'ai cherché à justifier l'opinion dont je désire voir se propager l'influence.

Au chiffre connu de la contribution par individu, ajoutons la valeur des peines et du temps que lui coûtent les mille formalités, démarches et dérangements inévitables.

Car, *Time is money,* comme disent les Anglais.

Il n'y a aucune exagération à estimer à quinze pour cent du principal la dépense effective de ce chef (1).

Cette dépense jointe aux frais de perception constitue par conséquent une surcharge d'environ un tiers du total des charges qu'on pourrait éviter en adoptant un *impôt simplifié* et un mode de perception plus économique.

Je reviens maintenant à l'examen du budget.

Les éléments qui forment la recette brute sont :

Les contributions directes..........	332 millions.
Enregistrement, timbre et domaines...	460
Produit des forêts...........	11
Douanes et sels.............	145
Contributions indirectes.........	610
Postes.................	89
Divers.................	128
Environ...	1,775 millions.

(1) Un agent de douane n'opère qu'en la présence et avec le con-

Dans le plan que je voudrais voir adopter dans l'intérêt de tous les contribuables, la première catégorie de ces revenus, savoir : les contributions directes et autres qui atteignent la propriété, par exemple les droits de mutation actuellement de 6 1/2 0/0 et qui doivent être, dit-on, élevés à 8 0/0, seraient remplacées par un impôt sur la valeur du *Capital réel*, et la deuxième catégorie par une *contribution personnelle* dont le loyer de l'habitation non professionnelle serait la base.

Les charges municipales, au lieu d'être couvertes en partie par les octrois, seraient en totalité couvertes par des centimes proportionnels ajoutés au principal des deux impôts ci-dessus.

Il en est, j'en suis sûr, qui vont s'effrayer d'une proposition aussi radicale.

Je me hâte de leur offrir une sérieuse compensation.

Les obligations de l'État envers les contribuables seraient plus larges que par le passé. L'impôt, converti en prix fait d'une série d'avantages explicitement déterminés, n'aurait plus ce caractère gênant, vexant et obscur, qui est pour beaucoup dans sa mauvaise réputation. Il y a toujours eu tendance, de la part du contribuable, à se considérer comme un mouton tondu et retondu au profit du Trésor.

Cette croyance tombera d'elle-même le jour où le contribuable saura qu'en payant il fait un acte avantageux pour

---

cours d'un agent ou du propriétaire même des marchandises. C'est être modeste que d'évaluer le temps de ce contribuable au même taux que le temps de l'agent du fisc.

lui-même et les siens. Loin d'y trouver à redire, il ira payer ses impôts avec la même spontanéité qu'il met aujourd'hui à acquitter ses *primes d'assurances* aux Compagnies.

D'ailleurs, l'extension que je propose de donner aux obligations de l'État est bien plus rationnelle que ne l'est son immixtion dans une foule d'intérêts où, à vrai dire, il y a de sa part un empiétement sur le domaine des intérêts privés; tels, par exemple, la réglementation de l'association des capitaux, le monopole de la fabrication des tabacs, etc.

En termes généraux, tout ce qui est d'utilité générale directe regarde l'État; tout ce qui est d'intérêt privé regarde le particulier.

En fait de services, l'État doit donc aux contribuables des garanties pour leur sécurité et pour leur liberté; il est *assureur des risques politiques et sociaux.*

Il ne s'agit donc que de déterminer les risques qui appartiennent réellement à ces catégories, pour apprendre jusqu'où l'État peut et doit aller pour assurer l'effet de cette garantie.

L'État, qui nous protége contre les risques de guerre et de troubles politiques, a-t-il un intérêt direct à nous garantir contre des fléaux naturels, par exemple, la grêle, la gelée, les inondations? contre des accidents de force majeure, par exemple, l'incendie, les explosions, les mutilations corporelles? — contre la misère résultant de l'état invalide du vieillard? — Je le crois.

Est-ce parce que je prends dans un sens étroit la solidarité entre membres d'une même Société? — Non.

Je vois plutôt un intérêt majeur pour elle dans cette extension des garanties; car, de quelque manière qu'elle s'y prenne, l'individu lésé en dernier lieu tombe à un moment donné à sa charge, sinon officiellement, au moins officieusement.

Or, entre ces deux moyens, la réparation par voie d'assurance ou la réparation par voie d'aumône, je trouve toutes sortes de bonnes raisons pour préférer la première.

Il est conforme aux véritables principes de la Société moderne de ne pas abandonner au simple bon vouloir l'accomplissement d'une obligation inhérente à l'idée même de la Société. Ce que l'individu y gagnera en dignité et par conséquent en moralité, profitera en grandeur et en influence au Pays.

L'humiliation infligée par l'aumône n'a jamais engendré que l'hypocrisie, la bassesse et l'envie. Arrière la faveur et place au droit commun, si l'on veut voir reprendre par la France le rang moral et l'influence intellectuelle qui conviennent à son caractère civilisateur !

Maintenant, si je suis partisan de l'Assurance par l'État, je dois ajouter que je ne voudrais l'admettre que jusqu'à la limite de son devoir strict, qui est la protection des intérêts collectifs (1). J'aime trop sincèrement la liberté pour vouloir que l'État empiète sur le domaine de la prévoyance individuelle plus loin qu'il n'est nécessaire, pour garantir la

---

(1) Voir le projet de loi, page 49.

Société contre les effets de la répercussion fatale dont j'ai parlé plus haut.

Mon plan ne comporte donc absolument que les trois dispositions suivantes :

1° L'État comprendra dans son budget de dépenses une somme de 750 millions par an, affectée à l'amortissement de la dette publique.

N'est-il pas contre nature de léguer à nos descendants les charges exorbitantes d'une dette s'accumulant sans cesse, alors qu'ils n'ont pas même la faculté d'accepter sous bénéfice d'inventaire ?

Un Pays riche en ressources trouve toujours à emprunter; mais nous voyons déjà en ce moment même à quelles mesures regrettables on arrive au fur et à mesure de l'accroissement des difficultés pour faire face au payement des intérêts.

L'amortissement n'est donc pas seulement une opération prudente, c'est un devoir rigoureux envers nos descendants. Il faut savoir, en bon père de famille, faire des sacrifices personnels pour préparer l'avenir de ses enfants, car notre imprévoyance les conduirait à la ruine et au déshonneur d'une banqueroute.

Donc, « Aux grands maux les grands remèdes. »

2° L'État payera sur ses ressources ordinaires tous les sinistres occasionnés par les inondations, la foudre, la grêle, la gelée, l'épizootie, l'incendie et les explosions.

Les ruinés par suite directe ou indirecte de tous ces accidents de force majeure augmentent, comme je l'ai déjà dit, les charges de la Société d'une manière plus coûteuse peut-être que ne le sera la réparation des sinistres. — On oublie toujours trop que les intérêts de tout le monde sont superposés les uns sur les autres, et qu'une ruine en occasionne par contre-coup dix, cent autres. — Et la misère coûte bien plus cher à la Société qu'on ne le croit (1). Il est rationnel qu'elle prévienne ce résultat en ne s'en rapportant pas à la prudence seule de ses membres pour le conjurer.

Je laisse de côté pour le moment la question de l'indemnité qu'il y aurait à accorder aux Compagnies privées qui assurent maintenant quelques-uns des risques nommés. — Cela ne constitue qu'une difficulté secondaire.

3° L'excédant des ressources du budget, en outre de 250 millions que mon projet réserve pour cette destination spéciale, formera un fonds de *Prévoyance* destiné à servir une pension temporaire ou viagère à toute personne qui, soit par une mutilation accidentelle, par une maladie grave, ou par l'effet naturel de la vieillesse, serait réduite à l'incapacité de travailler.

Cette pension, qui devient *obligatoire* pour l'État vis-à-vis de tous les contribuables indistinctement, qui auront de plein droit la faculté de la réclamer, sera proportionnée aux sommes que l'État y consacrera, et toute combinaison qui pourra augmenter le chiffre de cette pension sera étudiée avec soin et appliquée s'il y a lieu.

Par suite de cette disposition de la loi, il serait logique

---

(1) L'aumône faite le long du chemin en petits sous s'élève pour la France à plusieurs centaines de millions ; mais combien coûte-t-elle en dépravation des mœurs et en suites funestes !

que les hôpitaux, hospices et maisons de refuge cessassent d'être administrés par l'État et fussent livrés à l'initiative des Administrations locales, à moins qu'il ne fût prouvé arithmétiquement que leur exploitation par l'État offre plus d'avantages au public. — En tout cas, ces établissements ne fonctionneraient plus à titre de charité. — Leurs services deviendraient, comme la pension décrite ci-dessus, un service *obligatoire* payé d'avance par la contribution *à l'impôt*.

Les dépenses de ces institutions seraient d'ailleurs compensées par le fonds de chômage forcé et de retraites, de manière à empêcher le cumul avec la pension dont nous avons parlé.

Par la réforme proposée, dont j'ai cherché à justifier les motifs et dont j'essayerai ci-après de démontrer les avantages pour ceux même qui en redouteraient l'application, le budget futur des recettes se composerait :

1° D'un *impôt de 1 0/0 (1) sur le Capital réel,* que je n'évalue, de crainte d'exagération, qu'à 200 milliards, bien que diverses statistiques, dont je n'ai pas qualité de discuter le plus ou moins d'exactitude, portent à 250 et même à 300 milliards le chiffre probable de cette valeur.

Les Administrations Cantonales seraient d'ailleurs char-

---

(1) Inébranlable sur le principe, je n'en suis pas moins disposé à être très-conciliant sur les mesures de transition à adopter. Aussi proposerais-je à titre de transaction et pour une application plus facile la répartition suivante sur les trois grandes divisions du *Capital réel.*

1/2 0/0 sur la propriété rurale ;

1 0/0 sur la propriété urbaine ;

1 1/2 0/0 sur les meubles et valeurs mobilières.

gées de dresser les rôles pour établir l'assiette équitable de cet impôt, qui peut sembler lourd à première vue, mais qui ne sera pas jugé tel lorsqu'on se sera rendu compte des résultats qu'il produira finalement.

2° D'un *impôt personnel*, calculé sur la base de *10 0/0* du loyer de l'habitation privée (indice assez exact du degré de bien-être atteint, puisqu'il est généralement en proportion du revenu), sans que le minimum de la contribution puisse être moindre de *vingt-cinq francs.*

Nous croyons pouvoir évaluer la moyenne de cet impôt à 50 francs par logement pour vingt millions de contribuables, soit un milliard.

IX

LA PRÉVOYANCE SUBVENTIONNÉE PAR L'ÉTAT.

De même qu'en matière d'Instruction publique je préconisais, en 1870, à l'Association polytechnique cantonale de Lagny (1), les avantages de l'initiative privée, ainsi ferais-je en matière de prévoyance et d'épargne.

---

(1) « A mes yeux, disais-je alors, l'initiative est chez l'individu la qualité maîtresse : elle est à ses autres facultés ce que le moteur est à la machine. Sans elle, les aptitudes les plus heureuses, l'intelligence la mieux organisée restent frappées de stérilité. C'est aussi à sa source qu'un Pays puise sa véritable force. »

Je parais donner à l'État un rôle considérable et des charges bien lourdes pour assurer une pension aux personnes âgées, infirmes ou estropiées.

Mais ma proposition n'est autre pourtant que d'imiter beaucoup d'industriels et de grandes Compagnies, qui se trouvent très-bien de réaliser cette idée avec le concours du personnel de leurs établissements.

Imitons-les jusqu'au bout dans les moyens qu'ils emploient.

Ils ont créé des Caisses de Prévoyance et de Retraite où les sommes déposées sont capitalisées au taux de 8 à 9 0/0 au moyen d'une subvention qu'ils se sont engagés à verser eux-mêmes, égale aux versements des déposants.

L'État peut faire de même. On peut créer une Caisse de Prévoyance autorisée à servir des retraites jusqu'à un maximum de 1,000 francs, pour que les spéculateurs ne s'emparent pas de ce moyen de faire fructifier leur argent au delà de l'indispensable.

De cette manière, et en raison de la fierté naturelle à l'homme, qui le fait préférer ce qu'il gagne à ce qu'on lui donne ou qu'il doit solliciter, il ne resterait à la charge de l'État que les pensions de ceux qui n'ont pas pu économiser du tout.

Ainsi se trouvera limité ce *devoir strict de l'État*.

Encore doit-on faire ressortir cette circonstance, que toutes les liquidations de pensions seraient déférées au *Jury National*, qui serait souverain, accordant ou refusant, suivant sa conscience.

Tant pis pour ceux qui auraient refusé de payer leur cote personnelle ! A quel titre réclameraient-ils l'exécution d'un contrat d'assurance, lorsqu'ils ont refusé de payer les primes qui assurent leur droit à une pension ?

Voilà le moyen de diriger le mouvement socialiste, qui semble absorber l'initiative privée hors de toute proportion.

C'est à l'une de corriger ce que l'autre a d'excessif et de dangereux.

X

BUDGET NOUVEAU.

Nos ressources annuelles seront donc :

1° 200 milliards à 1 0/0 . . . . fr.	2,000,000,000
2° 20 millions de taxes à 50 francs. . .	1,000,000,000
3° Forêts, postes, télégraphes et divers.	200,000,000
4° Droits de mutation *réduits,* droits de perception, enregistrement, domaines de l'État..	200,000,000
5° Poudres, salpêtres et divers.	100,000,000
Soit, en total, de. . . . . . . fr.	3,500,000,000

La contribution moyenne par contribuable ressortira ainsi à 92 francs au lieu de 65 francs, qui est dès à présent la moyenne, parce qu'au chiffre de 46 francs précédemment cité et basé sur le budget de 1870, il faut joindre les charges résultant de l'augmentation de la dette, plus les 15 0/0 que coûtent les formalités et démarches dont nous avons parlé.

C'est donc en apparence une augmentation de la contribution que nous proposons; mais s'il est vrai que les bons comptes font les bons amis, les contribuables ne s'en plaindront pas s'ils savent calculer leurs intérêts; ils verront

*qu'il s'agit plutôt d'une différence dans le mode de perception
et de payement que d'un impôt absolument nouveau.*

Je suis même persuadé d'avance que les propriétaires
fonciers opteraient pour mon projet, s'ils avaient le choix
entre le nouvel impôt de 1 0/0 et l'espèce d'hypothèque
prise sur eux par l'État en droits divers tels que muta-
tions, etc., qui dans mon projet se trouvent supprimés.
Quelle ne deviendrait pas la valeur des propriétés, dès
qu'elles pourraient se transférer presque sans frais et
lorsque le remboursement de la dette publique ferait af-
fluer les capitaux vers ce mode de placement?

XI

COMPENSATIONS.

Faisons donc un peu le décompte des compensations.

Les compensations générales et particulières qui résultent de la réforme proposée sont les suivantes. D'abord en
prélevant sur ce budget une somme annuelle de 750 millions pour amortir la dette totale en vingt-cinq ans
environ, afin que nos héritiers trouvent une succession
nette, la moyenne de la contribution diminuera graduelle-
ment de deux francs environ par an, pour tomber peu à
peu à environ 60 francs et peut-être au-dessous.

Ensuite chaque contribuable épargne la prime d'assurance qu'il paye actuellement à une Compagnie quelconque pour se garantir contre les dommages dont la réparation est effectuée désormais par l'État.

Puis la baisse de prix des produits qui résultera nécessairement, comme nous l'avons démontré, du changement d'assiette de l'impôt, lui fera épargner une partie de sa dépense journalière.

La suppression presque totale de la misère ajoutera à cette épargne toutes les sommes petites ou grandes que l'exercice de la charité lui coûte aujourd'hui.

Or, ce ne sont là que les compensations directes; celles qui résultent indirectement de la réforme seront plus considérables par l'enchaînement des intérêts.

Ainsi les deux catégories de contribuables les plus imposées, le capitaliste et le propriétaire, y trouveront les avantages suivants :

L'amortissement des dettes publiques dans un bref délai fera naturellement monter le cours de la rente au moins au pair, assurant au porteur un bénéfice moyen de 40 0/0 sur le 3 0/0. — Et comme le cours de la rente est le remorqueur qui entraîne celui des autres valeurs, les portefeuilles qui abritent le capital mobilisé acquerront une plus-value considérable.

Le remboursement de la dette remettant tous les ans 750 millions dans la circulation, il n'est pas douteux que la valeur de la propriété foncière, des entreprises agricoles et industrielles où ces capitaux iront chercher un emploi, augmentera également, dégagés déjà, comme ils le sont par notre plan, presque entièrement des droits de mutation.

La suppression des octrois détermine une hausse notable dans la valeur des loyers, au profit des propriétaires imposés.

Et pour en finir avec l'énumération de tous les avantages de la réforme proposée, elle supprime par la *Prévoyance collective* les inquiétudes de l'avenir, qui sont sans contredit une des causes principales de cette tourmente des esprits qui se traduit parfois en révolte contre l'*état social,* et presque toujours en exigences qui, malgré le meilleur vouloir, ne peuvent être satisfaites qu'en entrant dans la voie des améliorations sagement graduées.

Je me sens d'autant plus raffermi dans ma conviction au sujet de cette dernière assertion, que l'expérience me l'a donnée. — Il n'y a pas un travailleur intelligent qui ne préfère un salaire moindre avec une participation aux effets d'une prévoyance collective qui le met à l'abri du malheur des mauvais jours et de la vieillesse, à un salaire supérieur qui passe à travers les doigts en laissant subsister l'inquiétude de l'avenir.

XII

PROJETS DE LOIS.

Il y a tout un courant régénérateur au fond de cette réforme de l'impôt.

Un ministre des finances devrait se faire, ce me semble, une gloire d'attacher son nom à une mesure d'un caractère aussi essentiellement conforme aux principes de la Société moderne, et ne pas hésiter à proposer aux représentants du pays deux lois ainsi formulées :

PREMIÈRE LOI (1).

Art. 1er. Tous les impôts, tant directs qu'indirects, actuellement existants, cesseront d'être perçus, et seront remplacés par les suivants :

1° Une contribution de 1 0/0 sur la valeur du *Capital réel*.

2° Un *impôt personnel* de 10 0/0 de la valeur du loyer

---

(1) Ces projets sont l'application d'une idée radicale. — Mais je suis loin de repousser toutes les mesures de transition. Ainsi, par exemple, si l'on consent à imposer le *Capital réel* de 1/4 0/0, voire même de 1/8 0/0, au lieu de 1 que je propose, cela suffirait pour qu'on appréciât l'excellence de la mesure, et, par les travaux de statistique qui en résulteraient, on hâterait la réalisation complète d'un système aussi économique.

des habitations non professionnelles partant d'un minimum de 25 francs par personne.

Art. 2. La perception de ces impôts sera faite par douzièmes mensuels, par voie de mandats tirés par le Trésor sur le contribuable, et dont le recouvrement est confié aux soins de telle institution financière qui soumissionnera ce service au taux uniforme le plus bas.

Art. 3. Le payement de cette contribution aux charges publiques donne droit au contribuable :

1° A une indemnisation complète dans les cas de sinistres subis par l'inondation, la grêle, la gelée, la foudre, l'épizootie, l'incendie et les explosions, ou par faits de guerre ou d'émeute ;

2° A une pension temporaire en cas d'accidents occasionnant une incapacité de travail ;

3° A une pension viagère à partir du moment où la vieillesse occasionne cette incapacité de travail.

Art. 4. Les pensions dont il est fait mention dans l'article précédent ne pourront être cumulées avec les soins donnés dans les maisons de santé et dans les maisons de refuge.

Art. 5. Tous les établissements relevant actuellement de l'administration de l'Assistance publique rentreront sous la direction des conseils municipaux, sous les noms de maisons de santé et maisons de refuge des vieillards. Les soins qu'y reçoivent les infirmes seront assimilés à ceux des maisons de santé privées, puisque les malades payent avec la pension à laquelle ils ont droit par l'acquittement de leurs impôts.

Art. 6. Le droit aux indemnités et pensions dont il est question dans les articles précédents sera soumis à l'appréciation souveraine d'un *Jury national* (1).

DEUXIÈME LOI.

Art. 1er. Un prélèvement annuel de 750 millions sur le budget des recettes de l'État sera affecté à l'amortissement de la dette publique.

Art. 2. Cet amortissement sera effectué par voie de rachat à des taux ne dépassant pas le pair (2).

Art. 3. Les titres rachetés seront annulés dans les formes légales.

Je suis tellement persuadé du bon accueil que le public ferait à ces deux lois, que si l'usage de la ferme générale des impôts n'était pas contraire à l'idée démocratique, je consentirais à garantir sur ma fortune personnelle le succès de la réforme que je propose.

---

(1) C'est la mise en pratique de l'idée du *gouvernement de tous par tous, du pays par le pays*, dont on parle beaucoup, et qu'on n'exécute jamais. Ainsi nous arriverons à faire réellement nos affaires nous-mêmes, et en prenant qualité de *juges* les uns pour les autres, comme on l'a dit, nous élèverons le niveau moral des populations.

(2) Je pourrais proposer un mode de remboursement de titres de rente par voie de tirage, si un tel mode devait offrir plus d'avantages.

XIII

UNE RÉPONSE ANTICIPÉE.

Maintenant, aux arguments par lesquels j'ai cherché à faire partager ma conviction à tous les intéressés, mes compatriotes, qu'ils me permettent d'ajouter une réponse anticipée aux accusations qui s'adressent généralement aux idées de réforme du genre de celle qui fait l'objet de ce travail.

On me reprochera peut-être de la tendance vers le communisme, et d'avance cela me fait hausser les épaules. Cette malheureuse habitude de répondre par des coups d'assommoir à toute idée rationnelle est, à mon avis, la cause des effroyables soubresauts que le progrès fait de temps en temps, à la grande frayeur des gens qui ne savent pas regarder les questions en face. — Défend-on la liberté, on tend vers l'anarchie! Parle-t-on de séparer l'Église de l'État, on est athée! Propose-t-on de donner une forme palpable à la solidarité qui est l'essence même de toute Société, — on est communiste! — Alors l'évocation d'un spectre quelconque sème la peur, cette mauvaise conseillère; — un sauveteur couronné vient présenter son ours, et voilà, mes très-chers compatriotes, comment un peuple loyal, généreux et intelligent, se jette de Charybde en Scylla.

— Eh bien, je ne crains pas de m'exposer à cette fausse appréciation de mes intentions; — j'ai toujours eu l'habitude d'attaquer les difficultés de front, car c'est toujours les aggraver que de les éluder. — Mes intérêts personnels sont ceux de ce tiers état qui a reconquis en 1789 ses droits naturels; mais au lieu de calculer ces intérêts au point de vue étroit de l'égoïsme, je les ai toujours envisagés au point de vue large de la justice.

J'ai toujours combattu le préjugé, greffé sur les errements du vieux système monarchique, qui classe les membres d'une même nation. — Le travail probe et intelligent est le pivot de la Société et la source de sa prospérité; le mépris qu'affectent les oisifs pour celui qui fait son devoir en travaillant est plus qu'un crime, c'est une faute. Les menaces de communisme, de partage, que sais-je encore? qui servent de prétexte à cette tendance, ne devraient jamais donner un moment d'inquiétude, car ces idées ne tiennent pas un instant devant le bon sens public, qui juge les hommes tels qu'ils sont et tels qu'ils seront toujours. — Mais le danger de voir les gens naïfs et ignorants pencher vers des systèmes absurdes pour en espérer une amélioration de leur sort, doit engager la société à faire droit, dans la limite du possible et du raisonnable, à la légitime aspiration de tous au bien-être et à la dignité morale.

En publiant ce travail, je n'ai pas été uniquement préoc-

cupé du désir de voir mon pays se relever avec promptitude
des désastres subis et reprendre sa place à la tête de la civi-
lisation par son esprit d'initiative de tout progrès rationnel;
j'ai encore voulu attirer l'attention de mes compatriotes sur
notre strict devoir envers nos descendants. —Un bon père
de famille s'efforce de laisser à ses enfants un héritage net
de charges et d'ennuis. Ne serait-il pas temps que l'État,
représentant la collectivité des pères de famille, agisse de
même, au lieu de transmettre toujours aux générations suivantes le poids accumulé d'un budget écrasant? — C'est
ce que j'ai cru nécessaire de rappeler; car, pour résumer ma
pensée, j'ai la conviction que nos devoirs sociaux, comme
nos devoirs privés, concordent absolument avec nos intérêts
bien compris.

A ceux qui traiteraient mon projet de subversif, je
demanderai ce qu'il a de commun avec les procédés révo-
lutionnaires employés jusqu'à ce jour, tels que vente des
biens du clergé, confiscations, etc.

Je respecte tous les droits acquis, parce que je tiens
à ce que l'on respecte les miens.

J'offre, moi propriétaire, de payer plus que je ne paye
aujourd'hui, parce que j'envisage froidement l'avenir et
que je veux désarmer les partis par des mesures raison-
nables et pacifiques, donnant à chacun la *sécurité*.

Entre deux maux, il faut choisir le moindre.

J'entrevois la banqueroute d'un côté, de l'autre, la révo
lution sociale.

Nous avons vu cette dernière à l'œuvre, et nous sommes payés pour en redouter la réapparition.

Quant à la banqueroute, il me paraît facile de l'éviter par l'adoption des moyens que j'ai cru de mon devoir d'indiquer.

XIV

RÉSUMÉ.

Tout se tient dans un projet, lorsqu'il procède d'une idée juste.

Indemniser les victimes de la guerre, voilà le point de départ dont les intéressés ne nieront pas l'équité, j'en ai la persuasion.

Mais il faut des ressources. — Or, la France est-elle ruinée, ou bien reste-t-elle encore, malgré la Prusse, la plus riche des nations ?

Nier notre richesse après l'emprunt, ce n'est plus possible.

Donc, soyons justes et généreux autant que nous sommes riches.

Ne comprenez-vous pas que cet acte de justice, accompagné d'une loi qui consacre un droit pour l'avenir, tuera l'égoïsme qui a paralysé la défense contre un ennemi envahisseur ?

Si toutes les villes avaient eu la certitude d'être rebâties aux frais de l'État, n'auraient-elles pas imité l'héroïsme de Châteaudun ?

Les citoyens des départements non envahis, soulevés par le sentiment patriotique autant que par la solidarité d'intérêts qui les lie à la conservation des villes attaquées, et rassurés sur leurs intérêts personnels, ne se porteraient-ils pas en avant pour aller à la frontière ?

Jamais l'ennemi n'aurait réussi à pénétrer au cœur de la France si le Midi et l'Ouest, mus par un sentiment de solidarité avec l'Est et le Nord, s'étaient portés en masse vers les champs de bataille glorieux jadis de la Champagne et des Ardennes !

Or, en cherchant le moyen de payer les indemnités que réclament les lésés, nous trouvons aussi le moyen de liquider rapidement notre dette publique, lourd héritage des gouvernements personnels.

C'est au *Capital* que nous demandons ces ressources, parce que c'est le capital qui profitera toujours de l'augmentation de la richesse publique, aussi bien que du remboursement des dettes de l'État.

Enfin, comme dernier argument, ne doit-il rien faire pour se réconcilier avec la masse du peuple, qui n'a pas encore eu accès vers la propriété ?

Qui oserait reprocher au *Capital* l'apparente prérogative dont il jouit en vertu de l'épargne accumulée dans le passé, s'il accepte aussi la prérogative d'acquitter les charges que le passé a la prétention de faire endosser à l'avenir? — Exonéré de ce soin, le consommateur prolétaire n'aura plus d'autre préoccupation que d'épargner à son tour pour acquérir le *Capital réel*, c'est-à-dire la propriété sous une forme quelconque.

C'est le moyen, n'en doutons pas, de résoudre le problème de la quotité du salaire, qui est au fond de toutes les révolutions politiques et sociales.

Pourquoi l'employé de grande administration, dont les aptitudes et les talents méritent souvent mieux que les appointements qu'on lui accorde, se résout-il à conserver une situation fort modeste? C'est uniquement parce que les grandes administrations ont eu le bon esprit de semer pour recueillir.

Elles ont eu le soin de lui donner *la sécurité* : en cas de maladie, par des caisses de secours mutuels; en cas de vieillesse et de blessure, par des caisses de retraite.

Pourquoi les grands établissements industriels réalisent-ils une économie sérieuse sur la main-d'œuvre et peuvent-ils ainsi lutter avantageusement contre les produits de l'étranger?

C'est que, grâce à leur prévoyance, l'ouvrier devient propriétaire de sa maison; ses enfants y naissent, y grandissent, et deviennent à leur tour ouvriers. Ils n'ont nul souci de l'avenir, qui leur est garanti par les institutions dont ils sont membres naturels.

Or, pourquoi l'État, c'est-à-dire nous tous, n'imiterait-il

pas ces industriels qui ont si bien su comprendre la solidarité des intérêts groupés autour d'eux?

J'ai eu l'occasion d'expérimenter beaucoup de ces théories dans ma carrière industrielle. J'ai prouvé, par le succès, qu'elles ne sont pas des utopies.

Tout mon projet n'est d'ailleurs que l'application rationnelle de ce vieil adage :

QUI PAYE SES DETTES S'ENRICHIT.

MENIER.

TABLE.

—

DU MÊME AUTEUR

En vente chez Le Chevallier, libraire-éditeur, rue de Richelieu, 60

LA LIBERTÉ

SANS LICENCE

OU

LA LIBERTÉ DEVANT L'OPINION PUBLIQUE

JURYS NATIONAUX

Deuxième édition.

PARIS. TYPOGRAPHIE DE HENRI PLON, RUE GARANCIÈRE, 8.